CRITTERS

Grow vocabulary by:

- **Looking** at pictures and words
- **Talking** about what you see
- **Touching** and naming objects
- **Using** questions to extend learning...
  Ask questions that invite children
    to share information.
  Begin your questions with words like...
    who, what, when, where and how.

 # On the farm...

dairy cow

beef cow

donkey

sheep

duck

turkey

horse

goat

rooster

pigs

llama

chicken

 # At the zoo...

zebras

panda

polar bears

peacock

camels

kangaroo

orangutan

chimpanzees

ostrich

koala

elephant

giraffe

 # In the sky...

seagull

fly

dragonfly

bat

butterfly

eagle

robin

bee

sparrow

owl

pigeons

 # In the forest...

bear

deer

earthworm

rabbit

grasshopper

fox

spider

caterpillar

squirrel

ladybug

chipmunk

skunk

snake

 # In the water...

dolphins

starfish

shark

sea horse

lobster

octopus

clownfish

seal

whale

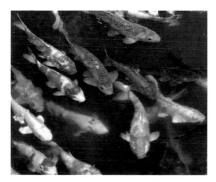

goldfish

 # Near the water...

swan

alligator

frog

raccoon

snail

goose

tortoise

duck

penguins

flamingo

 # In the jungle...

monkey

elephants

gorilla

chameleon

tigers

 # In the grasslands...

cheetah

rhinoceros

baboons

giraffe

lion

 # Baby animals...

bear & cubs

kangaroo & joey

zebra & colt

cow & calf

cat & kitten

leopard & cub

duck & ducklings

elephant & calf

lion & cubs

orangutan & baby

horse & colt

monkey & baby

pig & piglets

dog & puppy

 # Pets...

goldfish

parakeet

dog

turtle

guinea pig

rabbit

cat

Where do I live?

air   land   water

pronunciation

Critters/**Krit**-urs
on the farm/**on THuh farm**
at the zoo/**at THuh zoo**
in the sky/**in THuh skye**
in the forest/**in THuh for**-ist
in the water/**in THuh waw**-tur
near the water/**nihr THuh waw**-tur
in the jungle/**in THuh juhng**-guhl
in the grasslands/**in THuh grass**-lands
baby animals/**bay**-bee **an**-uh-muhlss
pets/**petss**
Where do I live?/**Wair doo eye liv?**

air/**air**
alligator/**al**-i-gay-tuhr
baboon(s)/ba-**boon(ss)**
baby/**bay**-bee
bat/**bat**
bear/**bair**
bee/**bee**
beef cow/**beef kou**
butterfly/**buht**-ur-flye
calf/**kaf**
camel(s)/**kam**-uhl(ss)
cat/**kat**
caterpillar/**kat**-ur-pil-ur
chameleon/kuh-**mee**-lee-uhn
cheetah/**chee**-tuh
chicken/**chick**-uhn
chimpanzee(s)/chim-**pan**-zee(ss)
chipmunk/**chip**-muhnk
clownfish/**kloun**-fish
colt/**kohlt**
cow/**kou**
cub(s)/**kuhb(z)**
dairy cow/**dair**-ee **kou**
deer/**dihr**

dog/**dawg**
dolphin(s)/**dol**-fin(ss)
donkey/**dong**-kee
dragonfly/**drag**-uhn-flye
duck/**duhk**
duckling(s)/**duhk**-ling(z)
eagle/**ee**-guhl
earthworm/**urth**-wurm
elephant(s)/**el**-uh-fuhnt(ss)
flamingo/fluh-**ming**-goh
fly/**flye**
fox/**foks**
frog/**frawg**
giraffe/juh-**raf**
goat/**goht**
goldfish/**gohld**-fish
goose/**gooss**
gorilla/guh-**ril**-uh
grasshopper/**grass**-hop-ur
guinea pig/**gin**-ee **pig**
horse/**horss**
joey/**jo**-ee
kangaroo/kang-guh-**roo**
kitten/**kit**-unh
koala/**koh**-ah-luh
ladybug/**lay**-dee-buhg
land/**land**
leopard/**lep**-urd
lion/**lye**-uhn
llama/**lah**-muh
lobster/**lob**-stur
monkey/**muhng**-kee
octopus/**ok**-tuh-puhss
orangutan/uh-**rang**-uh-tan
ostrich/**oss**-trich

owl/**oul**
panda/**pan**-duh
parakeet/**pa**-ruh-keet
peacock/**pee**-kok
penguin(s)/**peng**-gwin(ss)
pig(s)/**pig(z)**
pigeon(s)/**pij**-uhn(z)
piglet(s)/**pig**-let(ss)
polar bear(s)/**poh**-lur **bair(z)**
puppy/**puhp**-ee
rabbit/**rab**-it
raccoon/ra-**koon**
rhinoceros/rye-**noss**-ur-uhss
robin/**rob**-in
rooster/**roo**-stur
sea horse/**see horss**
seagull/**see**-guhl
seal/**seel**
shark/**shark**
sheep/**sheep**
skunk/**skuhngk**
snail/**snayl**
snake/**snayk**
sparrow/**spa**-roh
spider/**spye**-dur
squirrel/**skwurl**
starfish/**star**-fish
swan/**swahn**
tiger(s)/**tye**-gur(z)
tortoise/**tor**-tuhss
turkey/**tur**-kee
turtle/**tur**-tuhl
water/**waw**-tur
whale/**wale**
zebra(s)/**zee**-bruh(z)